ねえちゃん、大事にしいや。

――生きる喜びを分かち合うために

入佐 明美

いのちのことば社

装丁＝吉田葉子
装画・本文イラスト＝奈路道程

はじめに

ネパール行きを夢見る中学生

その日から、道徳の本の一場面が頭から離れませんでした。

この世の中に、三度のごはんが食べられない人たちがいる。私と同じ歳の子どもたちが、学校に行けなくて、農作業を手伝ったり、弟や妹たちの子守りをしたりしている。栄養失調や病気にかかっている人が多い。結核にかかって死んでいく人たちもいる。

生まれてはじめて知った国、「ネパール」のことでした。その国へ行って、日本のお医者さんが働いていることに驚きました。すごいことをしておられると思

ったとたん、今の私はこのままでいいのか、という思いでいっぱいになりました。当時の私は中学二年生でした。

私は鹿児島県肝属郡（現・鹿屋市）吾平町というところで育ちました。大自然の中で、のびのびと生活していましたが、ふと学校に行っても何のために勉強をしているのだろう、将来の自分はどうなるんだろう、どうせ人間はいつか死んでいくのに……と、生きる目標がつかめず、むなしくて、不安な日々を過ごすこともありました。その日本のお医者さんとは岩村昇先生です。私は感動のうちに、岩村先生のように医療奉仕をやりたいと願うようになりました。そして、私だったら看護師さんになって先生のお手伝いがしたいとも思いました。

中学を卒業後に看護学校に行くと言ったら、中学の先生に高校を出てから行ったほうがいいと勧められ、鹿児島県立高山高校に入学しました。大好きな卓球をしたり、友だちと楽しい時間を過ごしたりしました。将来はネパールに行くのだから、やりたいことは十分にやっておこうという気持ちが、つねに心の隅にありました。

姫路赤十字看護専門学校の合格通知を手にしたとき、ネパールに一歩近づいているように思えて、うれしくてしかたがありませんでした。

看護学校に入学したとき、高校の先輩に誘われて教会に行くようになりました。この宇宙を創造された神さまに私の存在も覚えられていることを感じるようになりました。そして、それまでのネパールへの夢が単なる憧れではなく、神さまへの祈りへと変わっていきました。学生の自分にできることを今からでもしようと思い、岩村先生たちを派遣している団体（日本キリスト教海外医療協力会）に使用済み切手を送るようにしました。手紙をもらったら、切手のまわりを五ミリ〜一センチぐらい残して、息をとめてハサミを動かします。この切手が集まると薬代などの一部になると思ったら、宝物をさわっているように思えました。

看護学校の三年間は、勉強も実習も大変でしたが、ネパールへの想いが私をひっぱってくれて、無事に卒業することができ、国家試験にも合格しました。

看護師になって二年九か月、姫路にある精神科の播磨大塩病院で働きました。

患者さんの近くにいると、このまま精神科で働いてもいいなあと思いました。けれども、しばらくすると、心の底からネパールに行きたい、という気持ちがわいてきます。若くて元気なうちに、どうしても行きたいという想いがふくらんでくるのです。

岩村昇先生との出会い

その夢がはち切れそうになったとき、岩村先生の講演会の知らせがありました。使用済み切手を送っていたので、知らせていただいたのだと思います。岩村先生の話を直接聞ける、と喜んで出かけました。中学生のころからあこがれていた先生の姿を目にしたとき、現実におられたのだと安心したような気持ちになりました。話を聞き漏らさないように集中して聞いているうちに、ネパールに行きたいと心から願っていることに気づきました。

講演が終わってから、勇気をふりしぼって先生のところに行きました。

「あの……。私は看護師です。私もネパールで働きたいのですが……」

おそるおそる言葉をゆっくりと発してみました。先生はやさしいまなざしで聞いてくださいました。

「そうですか。それは、すばらしい。あなたは見るからに、ネパールにぴったりですよ。早く準備してください。英語はどれくらいできますか」

「えっ？　英語？　ほんの少ししかできません」

「外国で働くには、英語は必要ですよ」

ネパールにぴったりですよ、と言われて、無性にうれしくなりました。ただ、外国で働くには英語が必要という、当然のことにも気がまわらなかったことを恥ずかしく思いました。それから英会話のカセットテープを買いこんで、少しずつ聞くようにしました。

岩村先生と出会えたことや、ネパールに行けるかもしれないということが、うれしてしかたがなく、何をしても楽しく感じました。病院勤務も限られた月日しかないと思ったら、一日一日がいとおしく感じられ、患者さんたちに今まで以上に良くしてさしあげたいと願うようになりました。

岩村先生と会ってから三か月過ぎたころでした。夜勤明けで早く横になろうと思っていたら、岩村先生からの電報が届きました。「〇月〇日、大阪で会いたい」という内容でした。急に目が覚め、胸がわくわくしてきました。ネパール行きの具体的な打ち合わせだと思いました。大阪で会える日までが、長く感じられ、待ち遠しく思いました。

ネパールに行く前に

岩村先生は当日、日本基督教団浪花教会にある日本キリスト教海外医療協力会の関西事務局で話し合いの場を設けてくださいました。私は岩村先生の顔をしっかり見て、言葉に耳を傾けました。

「ぜひ、ネパールに行ってほしいのですが、その前に……。日本にも結核で苦しんでいる人たちがいっぱいいるんですよ。じつは、私もそのことを最近知ったのです」

私は、先生からどんな言葉が出てくるのか、緊張して耳をそばだてました。

「将来はネパールに行ってほしいのですが、その前に、大阪の『釜ヶ崎』でボランティアのケースワーカーとして働いてみませんか」

「釜ヶ崎?」

鹿児島生まれの私は「釜ヶ崎」という名前だけは知っています。ネパールや結核と、どう関係があるのだろうか。きょとんとしている私に、岩村先生はゆっくりと話されました。

「釜ヶ崎では、十人に一人が結核なんです」

結核という病は、過去の病気と思っていました。テレビや映画で見たことはありましたが、今の時代に十人に一人という数は理解できません。さらにびっくりして耳を疑ったのは次の言葉です。

「釜ヶ崎では、一年間に約三百人の人たち

が、路上で亡くなるのです」

人が亡くなるのは、畳の上かベッドの上で、家族が集まって、見守られながら、息を引きとるのだと思っていました。コンクリートの上で亡くなるのは、なぜなのか。しかも、ひとりやふたりではなく、約三百人とは？　私は心の中で、なぜ？　とくり返していました。思いきって、先生に訴えるような口調で言いました。

「先生！　どうしてこんな豊かな日本の中に、そういう所があるんですか」

先生は悲しそうなまなざしで、遠くを見つめておられました。

「どこの国でも、そうなんですけど……。繁栄の裏では犠牲になる人たちがいるんですよね……」

「……」

「入佐さん。まず釜ヶ崎で二、三年働いてみませんか。そのあと、ネパールに行きましょう」

「二、三年働いたら、必ずネパールに行けるんですよね」

私は念を押しました。ネパールに行けるのなら、どんなことでも引き受けようと、自分に強く言い聞かせました。釜ヶ崎で働くことは、ネパールに行くための訓練だと受けとめたのです。

話し合いが終わり、夕方、姫路の自宅に着きました。身体が疲れきっていました。すぐにネパールに行けないということが、残念でたまりませんでした。しかし、それ以上に心が重かったのは、日本に釜ヶ崎のような所があることをまったく知らなかったことです。結核や栄養失調で苦しんでいる人は、日本以外のことだと思っていました。人生の最後は布団の上で迎えるものだとも思っていました。冬の寒いとき、病気や栄養失調などで苦しい思いをしながら、路上でひとりぼっちで息を引きとる人がいると想像しただけで胸がつぶれそうでした。

釜ヶ崎に足を運ぶ

釜ヶ崎は大阪市西成区の北側にあります。広さは、〇・六二平方キロメートル。その中に、約二～三万人の日雇い労働者が住んでいると言われています（一九八〇年ごろのこと)。全国の寄せ場の中で一番大きい所です。釜ヶ崎の近くには、通天閣、天王寺、ミナミなどの繁華街があり、交通もJR大阪環状線「新今宮」、南海電鉄「新今宮」「南霞町」、市営地下鉄「動物園前」に囲まれ、便利な所です。

生まれてはじめて釜ヶ崎を案内していただいたとき、緊張で歩くだけで精いっぱいでした。街で会う人のほとんどが男性です。作業服を来ている人が多いと思いました。あいさつしようと心の中でがんばってみるのですが、言葉が出てこないのです。うつむいて歩き続けました。

——ここで、働くなんて絶対に無理だ。

という思いでいっぱいになりました。ケースワーカーという仕事は人の相談にのることなのに、あいさつすらできない自分に無力感を抱きました。

——でも、将来はネパールにどうしても行きたい。

ネパールへの夢がわいてくると、なんとかがんばってみようと前向きな気持ちになってきました。もう一度、釜ヶ崎に行ってみようと、私の足は大阪へと向かいます。

ひとりで何回も足を運んでみました。

——やっぱり無理だ。男性社会で働くことはできない。

不安な気持ちを持ちこたえられず、多くの人に相談しました。

「釜ヶ崎!?　あんな怖いとこ、行ったらあかんよ!」

「結核がうつったら、死んでまうよ!」

蟻の街のマリアさんという女の人が、釜ヶ崎のような所へ行って結核になり、若い身空で死んでしまった、と教えてくれる人もありました。

「あんたは、ほんまに世間知らずやな。あんなところで、けんかにでも巻き込まれたら、えらいことになってしまうで」

だれに相談しても、頭ごなしに反対されます。その言葉を聞きながら、親には言わないでおこうと思いました。他人がこんなにまで心配してくださるのだから、親に言ったら鹿児島へ連れ戻されるような気がして、一言も相談しませんでした。

自分の人生は自分で決めたいという気持ちもありました。

「今、与えられた現場があるのに、なぜわざわざネパールや釜ヶ崎に行こうとしているの？　精神科で働くことも大切だと思うよ」

この忠告で、今まで以上に悩むことになりました。精神科で働くことも自分が選んで就職しました。仕事もやりがいもあり、私に合っていると思っていました。患者さんたちとのふれあいの中で、このままここで働きたいと思うときもありました。

迷い悩みながらも、休みの日は、当時のキリスト教釜ヶ崎越冬委員会の牧師がたを頼りに、釜ヶ崎に行っていました。歩くだけではなく、喫茶店に入って隅のほうに座り、お茶を飲みながら、労働者同士の話に耳をかたむけてもみました。食堂にも入ってみました。棚におかずが並んでいて、好きな品を運んで食べてみましたが、味付けが辛くて、その日は水をよく飲みました。喫茶店や食堂でも、私に声をかけてくれる人はひとりもいません。私も話しかけたりできませんでした。

釜ヶ崎で働くことはどうしてもできないと思って、姫路に帰りました。岩村先生から働いてみませんかと言われてから、一年近くの時間が過ぎてしまいました。

釜ヶ崎の光景を静かにふり返ってみたとき、釜ヶ崎で病気になった人たちの顔が浮かんできました。

釜ヶ崎で働く決心

身体がやせ細って、咳をしながら、かがんでいた人。苦しそうな顔で路上に寝ている人。昼間なのにコップ酒を一気に飲んでいる人。不自由な足を引きずりながら、歩いている人――。

岩村先生の言葉を思い出しました。

「日雇い労働は重労働なので体力が消耗しやすく、病気にかかりやすいのです。危険な現場も多いので、事故が起こったりします」

日雇い労働者の中には、病気でつらい思いをしている人が多いのだと思いました。医療従事者を必要としている。でも、医療から放置されているように感じました。

「お前たちは、わたしが飢えていたときに食べさせ、のどが渇いていたときに飲ませ、旅をしていたときに宿を貸し、裸のときに着せ、病気のときに、見舞い、牢にいたときに訪ねてくれたからだ。……はっきり言っておく。わたしの兄弟であるこの最も小さい者の一人にしたのは、わたしにしてくれたことなのである。」

（マタイの福音書二五章三五～四〇節、新共同訳）

釜ヶ崎で、病気で苦しい思いをしているひとりにすることは、神さまにすることなのだと受けとめました。自分に何かができるだろうかと考えると、不安と恐れでいっぱいになりましたが、聖書の言葉を頼りにがんばってみようと願い、決心が与えられました。

一九八〇年一月十五日、大阪に引っ越して、次の日からキリスト教釜ヶ崎越冬委員会に受け入れていただき、働き始めました。一九八三年十月まで、そこにお世話になりました。その後、一九八三年十一月から一九八九年十二月までは支える会を作っていただき、全国から約三百人の方々に物心両面にわたり、ご支援をいただきました。そして、一九九〇年一月から今日までは、個人で活動を続けています。個人的に支えてくださる方の献金や、講演の収入などでやりくりしています。

釜ヶ崎で二、三年働いたら必ずネパールに行こうと、固く決心していたのですが、ネパールには一回も行かず、三十六年間釜ヶ崎にいます。「いつになったら、ネパールに行くのですか」と質問を受けるときもあります。

ケースワーク活動を通じて、多くの日雇い労働者と出会ってきました。関わるなかで失礼なことをしてしまい、怒られたりしたこともあります。話をするなかで、気づいたことや発見もいっぱいありました。そのひとつひとつが、今も感動を与えてくれています。

景気の良いときは手っ取り早く雇われ、不景気になると一番先に首を切られる日雇い労働者たち。何の保証もないという不安定な中で重労働を担いながら、自分の全存在をかけて働き、生きぬいてこられた人たちのことを知っていただきたく、今日までの歩みをふり返りながら、まとめてみました。

目次

歩く相談室の出発

日雇い労働者の街で

ケースワーカーとして働くといっても、何から始めたらいいのだろうか。私が行くまで、釜ヶ崎にはボランティアとして働く医療従事者はだれもいなかったそうです。冬になったら、神父さんや牧師さんたちが中心になって越冬の活動をしておられました。夜、野宿をしている労働者に毛布を配ったり、おにぎりを届けたりしながら、ここには病気の人が多い、結核にかかっている人が多いと感じ、キリスト教の医療関係者に手伝ってほしいと呼びかけられたのですが、だ

れも来てくれなかったそうです。そのことを岩村先生に話し、「ネパールばかりに看護師さんを連れて行かないで、ひとりでいいから釜ヶ崎にも送ってください」と頼まれたそうです。

その後、岩村先生は、先生の講演会で「ネパールに行って働きたい」と一生懸命に頼んでいる私の姿を見ながら（この人は、釜ヶ崎だ！）と、ひらめかれたのだそうです。

岩村先生のひらめきのおかげで、私は釜ヶ崎で働くようになりました。

お手本もなければ、見本もないなかで、仕事をつくっていかなければなりません。病院で働いているときは、その日の役割がありました。ケースワーカーという仕事も、生まれてはじめてのことです。相談にのるには、知り合いになっていくしかないと思いました。日雇い労働者の知り合いはだれもいませんので、相談室で待っていてもだれも来てくれません。

私のほうから出かけていくしか、知り合うことはできないと思い、毎日、釜ヶ崎を歩きまわりました。一九八〇年一月十六日の初日から歩き始め、声をかけてみました。

「こんにちは」

「……」

「こんにちは」

「……」

声をかけても何の返事もありません。私の声が小さいのかもしれないと思い、少し大きな声を出してみましたが、だれもふりむいてくれませんでした。もう少しがんばろうと思い、「こんにちは」と声をかけてみました。

「だれや」

やっとひとりの人がふりむきました。

「私は、キリスト教の団体のボランティアです」

「キリスト教？　ほんまに神さんや仏さんがおったら、なんでわしらはこんなつらい目にあわんとあかんのや」

吐き捨てるように言って去って行きました。しばらくすると、ほかの人が声をかけてきました。

「こんなとこで、何やってんねん？」

「私はケースワーカーなんです。何か相談があったら、遠慮なく言ってくださいね」

「相談？　あんたみたいな小娘なんかに、わしらの苦労がわかってたまるかい！」

別のところに行ったら、

「ええ格好すんな」

ほかのところでは、

「大学生か？　レポート書きに来たんか？　わしらを研究材料にしたらあかんで」

声をかけ続け、あいさつしても無視されるか、怒鳴られるかの毎日でした。知り合いになりたいとか、良い人間関係をつくりたいと願っても、受け入れてもらえません。

田舎育ちの私は、小さいころから近所の人にあいさつをしたり、言葉をかけてもらったりしながら大きくなってきました。生まれてはじめて、人に拒絶されるという体験をしました。歩いているうちに、看護師として働いたころのことがよみがえってきました。

私は、精神科の病院で働いていました。白衣を着ていますので、だれの目からも看護師とわかります。

「看護師さん、おはようございます」と、患者さんのほうからあいさつをしていただいていました。何かもめごとが起こっても、患者さんのほうが二歩も三歩もさがって私たちと良い関係を作ろうとしてくださっていたのだと、釜ヶ崎に来て気づきました。

精神科の病気を持っている人たちは入院する前、社会から疎外されたり、差別を受けていたりしたのかもしれません。家族との関係がうまくいかないで、居場所を失って入院した人もいたかもしれません。患者さんたちは、看護師によく思われたいと願って、私たちに良くしてくださっていたのかもしれません。

私は患者さんに、心をこめて向き合ってきたつもりでしたが、偉そうな態度で失礼なことをいっぱいしてきたと気づきました。病院という土俵の中で、看護師は「上」、患者さんは「下」という上下関係をつくりながら働いてきたのではなかろうかと反省しました。

これから釜ヶ崎という地域で働いていくには、日雇い労働者の土俵の中に足を入れさせてもらわないことには、仕事はつくれないのだと思いました。今までの姿勢では受け入れてもらえないし、ケースワーカーなどできないと思ったとたん、やっていけるだろうかと、足もとが震えるような強い不安がおそってきました。

そんな中で、岩村先生に教えていただいた「Go to the people」という詩を何回もくり返すようにしました。

Go to the people

ジェームス・イエン　作

Go to the people

live among them
learn from them
start with what they know
build on what they have
teach by showing
learn by doing

not a showcase but a pattern
not odds and ends but a system
not relief but release

of the best leaders
when their task is accomplished
the people all remark
"We have done it ourselves"

住民のところに行って
彼らの中に住んで
その土地の気候・風土・習慣の中から生活の知恵を学び
しかし、危険な迷信はやめるように勧め
相手の身になって考え
相手のニードに応じて自らを用意し
相手とともに生き
彼らが知っていることで始め
彼らが持っている物の上に築こう

最後に、君がいま最上の指導者であるならば
将来その事業が完成した時に
住民がこう言うようになる

（岩村昇訳）

「この事業が完成したのは、われわれ自身だ」と

日雇い労働者のところに行くことを徹底し、声をかけ、言葉をかけながら、少しでもいっしょに過ごせる時を持とうと思いました。そして、釜ヶ崎の風土や文化や生活の知恵などを学んでいきたいと願いました。病院で働いていたときは、患者さんを一日も早く元気にしてあげようという気持ちが強かったのかもしれません。もちろん善意で、一生懸命でした。だから、患者さんから学ぶということなど、考えたこともありませんでした。

釜ヶ崎で働くときのお手本のない私にとって、この詩は、日雇い労働者が答えは教えてくれるよ、とにかく学びなさいと言っているようでした。終わりの四行に、ハッとしました。「最上の指導者」のところを、「最上のケースワーカー」に置き換え、反芻しました。

「Go to the people」を胸に

釜ヶ崎で働き始めたのは一月下旬でした。寒さが厳しく、冷えきったコンクリートの冷たさは足の裏に伝わり、指先が冷えて痛くなることもあります。焚き火を囲んで暖をとっている人たちのところに行ってみました。

「こんにちは。今日は寒いですね」

焚き火の煙で、顔や手がすすけている人もいます。

「当たっていき」

と、ひとりの人が手招きをしてくれました。

「ごくろうさん。若い娘さんがこんなところで……。えらいなあ……」

ほかの人が、

「昔、看護師さん？ お給料もええのに、こんなとこ来てアホな人やなあ……」

と、にこにこしながら言いました。

もうひとりの人は、

「ねえちゃん、九州の人、違うか？　わしは福岡や。炭鉱で働いていた」と、なつかしそうに言いました。

大阪の釜ヶ崎は西日本の人が多く、東京の山谷は東日本の人が多いことを知りました。私の言葉は鹿児島の訛りがぬけていないそうです。そのことが労働者と出会っていくとき、親しみを持ってもらえたようでした。

歩きながら、あいさつを続けることによって話ができるようになり、少しずつその人の健康状態が見えてくるようになりました。やせ細って咳をしたり、身体がだるそうな人には、「胸のほうは大丈夫ですか。病院でレントゲンを撮ったらどうですか」と勧めることができました。結核は早期発見・早期治療が大切と教えられてきました。中には、結核で入院していたという人もありました。

腰に手を当てて、さすりながら話す人もいました。建設労働に長年従事してきた人たちは、腰を痛めてしまうことがあります。時には、お酒を飲んで、肝臓の調子が悪く、「身体がしんどい」と訴える人もありました。

病気の話を耳にしながら、その人の背景も見えてくるようでした。長年、「3

K」と言われる「きつい」「きたない」「危険」がともなう重労働を担ってきた人たちは、体力の消耗が激しく、免疫も低下しています。そのため、結核にもかかりやすくなるのです。

一日働いて帰って来たら、食堂でごはんを食べるか、お弁当を買って部屋で食べます。私が食堂で食べたら、後でのどが渇いて、何杯もお水を飲んでしまいますが、重労働をし、滝のように汗をかいた労働者には、塩辛い味付けでないと、もの足りないそうです。お弁当を食べる部屋は宿泊所です。三畳一間に畳が敷いてあり、テレビと小さな冷蔵庫が付いています。簡易宿泊所と呼ばれています。お風呂は共同風呂です。一日の疲れをいやす空間としては、あまりにも貧弱です。（現在は、多くが共同住宅に変わっています。）

そのような生活環境で、何年も何十年も生きていかなければなりません。今、説明したのは仕事があって、収入を得られてのことです。世の中が不況になると、日雇い労働者が一番先に首を切られます。部屋代や食事代に事欠き、泊まる所を奪われて野宿を強いられ、食事は炊き出しに頼らずにはいられません。大人の男性に必要なカロリーや栄養素は摂ることができません。どんなに健康な人でも、野宿を続けると身体を痛めます。さらに、野宿ではぐっすり眠れないので睡眠不足が続き、心を痛めます。

釜ヶ崎を歩き始めてから、時間とともに知り合いも少しずつ増えていきました。はじめて会った人と思って話をしていると、以前会っていたことを思い出したり、同じ人と何回も会えるようになりました。楽しい話をしてくれる人がいたり、冗談を言う人も出てきたりしました。

「いもマリアさん」「イエッさん」

ふたりの人が楽しそうな笑顔で話しかけてきました。

「毎日ご苦労さん。ねえちゃんはキリストの人か?」

「ええ」

「そうか。マリアさんみたいな人やな」

「え?」

びっくりして聞いていると、もうひとりの人がにこにこして話し出しました。

「まだ、この人、釜（釜ヶ崎のこと）に来たばっかりや。マリアさんは、ちょっともったいない。この人、鹿児島の人や！　いもマリアさんがちょうどええ」

鹿児島県は、さつまいもの名産地です。やきいもをふたつに割ったときの黄金色のおいしそうな姿が目に浮かんできました。「いもマリアさん」とは良い感じだと思い、気に入りました。

ある日、女子高生にその話をしたら、「そんなにもきついこと言われて、傷つかないんですか」と言われ、「いも」には、ほかに意味があったのだと気づきました。

あるとき、背の高い元気そうな人が話しかけてきました。年齢は四十代に見えます。

「こんなとこで、何やってるねん！」

強い口調だったので、私は黙って下を向いていました。

「あんたッ、アホちがうか。こんなとこで何やってもいっしょや。もっと、自分のことを考えんかい。ほんまにアホな奴っちゃ!!」

吐き捨てるように言って、去って行きました。近くで聞いていた人が近づいてきました。

「ずっと、アホのままでおってや」

何かを頼むときのような言いかたでした。アホという言葉がやさしく響きます。緊張している私を、温かく包んでくれるようでした。

労働者がよく集まる三角公園に行ってみました。犬を連れた丸顔の人が話しかけてきました。半ズボンをはいて、年は五十歳ぐらいに見えます。

「この前も見かけたけど、どこの人や」

「キリスト教の団体で働いています」

「ほお!　イエッさんか。こんなとこでひとりで怖ないんか」

「はい、大丈夫です」

「イエッさんて、ほんまに大胆な人やなあ。わしでも、この辺を歩くんは勇気がいんのに」

「……」

「イエッさんのこと書いたァるぶっとい本あるやろ。わし、あれ読みたいんや。そこにマンションあるやろ。わし、そこの四〇三号におるねん。昼間はおるさかい、こうて来てくれんか」

そう言って、犬といっしょに歩いて行きました。私はその日のうちに聖書を買い求め、次の日届けました。マンションの階段を降りるとき、頼まれごとを無事に終えたと思い、ほっとしました。

あいさつしたり、声をかけたりしながら、顔見知りも増え、楽しい会話などもできるようになり、少しずつここで働いていけるのでは、と思えるようになりました。

おじさんの言葉

「ほっといてくれ」

遠くから、やせ細ったおじさんが、重たそうな足どりで歩いて来ました。

「おじさん、こんにちは」

「おー」

小さな声でした。

「お身体のほうは、大丈夫ですか」

「わし、結核や！」

「結核？　早く入院しましょうよ」

私の口から、いきなり〝入院〟という言葉が出てしまいました。しまった、と気づくと同時に、

「ほっといてくれ！　あんたに何の関係があるんや！」

と、おじさんは怒って歩き始めました。栄養状態も悪く、疲れきった表情で、歩くだけで精いっぱいという感じです。服装は作業服ですが、何日も身につけているように見受けます。たぶん青カン（野宿）しているように思います。私は心配になり、後ろ姿をめがけて追いかけました。

「おじさん、おじさん」

おじさんはやっと振り向きました。

「大丈夫ですか？」

「わし、入院、五回も六回もしているんや。もういやや」

うなずきながら、じっと聞いている私に、次のように話しました。

「この身体でなあ、元気になったかて、もう日雇いはでけへん……。日雇いが

でけへんかったら、わしらはもう生きていかれへん。若いときからこの仕事しかしてへんし……。もう、ほっといてくれ……」

私は返す言葉も見つからず、黙って聞いていました。おじさんは次のように続けました。

「今さらがんばって入院したかて、結核が治ったか？　もう働かれへん。わしらみたいな人間は、ここで酒を飲んで死んだらええねん」

吐き捨てるように言い、また元の方向へと歩き始めました。

私が今まで出会った患者さんたちは、どんな年齢層の人も、どんな立場の人も、みんな、早く元気になりたいと願っている人ばかりです。入院している人たちは、口々に早く退院したいと願っている人だけでした。

病気になった人はだれでも「早く元気になりたい」という思いを持っているものだと思いこんでいました。生まれてはじめて、元気になってもしかたがない、わしらは死んだほうがいいという患者さんに出会ったのです。

病気になったら生き地獄

日雇い労働者は、経済の調節弁的な役割を強いられます。景気が良くなればてっとり早く雇われ、不況になれば一番先に首を切られます。そのうえ、天気の良い日は仕事がありますが、雨の日は働きたくても仕事がありません。「アンコ殺すにゃ刃物はいらぬ。雨の三日も降ればいい」と言われています。

若くて元気なうちは雇ってもらえますが、高齢になったり、身体を痛めたりしたら、その人が働きたくても、業者は雇いません。

「若くて元気なうちはええけど、歳とったら……。もう不安でたまらん」

と言った人もありました。

「釜は、病気になったら生き地獄やで」

と病気に対する不安をこぼした人もありました。

日雇いの仕事がなかったら収入が得られないため、生活ができません。宿泊する所が奪われ、食べることもできなくなります。炊き出しに並んで雑炊をすすりながら、夜になると野宿を強いられる。どんなに体力のある健康な人も身体を痛めて、病気になってしまいます。

日雇い労働者が健康を失うことは、生活を失うこと。そして、生活を失うことは、命を、人生そのものを失うことだと思いました。

このような状況の中で、どのような関わりをつくっていけば、もう一度元気になりたい、元気になって働きたいという思いを持ってくださるのだろうかと考えました。なかなか答えが出てきません。声かけだけは続けていこうと願いました。

あのおじさんと道で会ったら、あいさつだけしていました。あるとき、おじさんのほうから話してくれました。

「病院に入ったら『釜ヶ崎の人間』『生活保護の人』『家族がない』ちゅうて、つらい目におうた……」

私はうなずいて聞きながらも、(この状態では入院するしかないでしょ!)と胸の中でつぶやいていました。勇気を出して、入院を勧めてみましたが、おじさんは首を横にふって、去って行きました。

出会ってから一か月も過ぎていました。（おじさんは路上で亡くなるのではなかろうか）と不安がよぎります。どういう言葉をかけたらよかったのだろうか。私は心配と不安で、おじさんの姿を見かけると、ゆっくりと話すように努めてみました。

「わし、中学を出てから、日雇いの仕事ばっかりや。ほかの仕事をしたことがない。わしは日雇いしかでけへんのや。

三十過ぎたころから結核になってしもうた。もう十年になるなあ……。入院して結核が治ったら退院。次の日から日雇いの仕事。働かな、食えへん。しばらく働いて、だるいなあと思て、レントゲンを撮りにいったら、再発。また入院。治ったら退院し、次の日から働く。そんなくり返しの生活や。今さら入院して結核が治っても、もうこの体力では……。働かれへん」

私はおじさんの言葉を思い出しながら、自分の生活をふり返ってみました。毎日歩いている道路。この道路はだれが作ったのか。ある労働者が、アスファルトの上で働くときは足の裏が焼けつくぐらい痛い、と言っていました。夜、家に帰ったら、スイッチひとつで電気がつきます。冬の寒いとき、コンセントを差し込むだけでコタツの中が暖かくなります。この電気を作るために、日雇い労働者は原発の現場で働きます。日給が高いことを耳にして行く人もいますが、目に見えない健康被害は本人の身体を蝕んでいます。

釜ヶ崎から電車に乗ると、約五分で難波、約十五分で梅田に着きます。そこには、高いビルがいっぱい並んでいます。高い所で働きながら、足を滑らせ地上に落ちて死亡した人や、身体に障がいを負った人もあるでしょう。大阪から東京まで新幹線で三時間弱で行けます。新幹線が通るために、どれだけ多くの人が危険のともなう重労働を担ったことでしょうか。

日雇い労働者は「３Ｋ」と言われる、きつくて、きたない、危険のともなう重労働に従事します。一日働いて賃金を得るという雇用形態のために、病気になってもだれも責任は担ってくれませんし、何の補償もありません。

私の生活が、目に見えないところで、多くの犠牲の上に成り立っていることを知りました。

「わし、元気になりたい」

おじさんを見かけないときは、もしかして亡くなったのではと、不安がおそってきます。そんな私の目の前に、そのおじさんは現れて、生き生きとした表情で話しかけてくれました。

「わし、やっぱり元気になりたいから、ええ病院、世話してくれへんか」

小春日和の午後二時ごろのことでした。

「いっしょに市更相（大阪市立更生相談所。現在は西成区保健福祉センター分館になっている）に行きましょう」

私たちは市更相に向かって歩きました。市更相は、住所不定の単身者の相談にのる福祉事務所です。

私は、おじさんの言葉が消えないうちにと願いながら、うれしさを隠して、足並みをそろえて歩きました。

市更相の面接の結果、重症の結核で菌も出ているということで入院が決定しました。しばらく待っていたら、結核の専門の病院から迎えがありました。おじさんは病院の車に乗って行きました。

路上で死なないでよかった。三度のごはんが食べられる。結核の治療も受けられる。コンクリートの上ではなく、布団を敷いたベッドの上で眠れる……。

身体全体が安堵感に包まれました。重症の結核を抱えながら、やせ細り、衰弱した身体でコンクリートの上で眠るのは、どんなにつらかっただろうか。背中もどんなに痛かったことだろうか――。

次の日の午後、お見舞いに行きました。病室に入ったら四人部屋で、その方は左手のほうのベッドに座っています。私に気づくと、にこにこした笑顔を見せてくれました。

「えらい世話になったなあ。ちょっとここで待っといてや」と言って、病室から出て行きました。私は気になって、後ろ姿を目で追っていると、お手洗いに入って行きました。

私がじっと待っていると、隣のベッドの方が声をかけてくれました。

「あの人はな、『ねえちゃんが話を聞いてくれたことが、一番うれしかった』って言うてはったで。人間ってな、本音でしゃべれる相手がおったら、何とか生きていけるもんなあ。そうやなかったら……。もう、わしらみたいな立場の人間は……もう、どうでもええわ、酒でも飲んで死んだほうがええわ、ついついそんなふうに思うてしまうもんなあ……」

その方も重度の結核で、釜ヶ崎で日雇いの仕事をしている人です。その方の言葉が一言一言、胸に落ちていきました。今まで悩み、考えていたことに答えが与えられたようでした。今までどんな言葉をかけたら、やる気を出してくださるのだろうか、どうしたら説得できるのだろうかと考えながら、言葉探しを必死にしていました。思いついた言葉を話しても何も通じず、宙に浮いて消えるような虚しさを感じることもたびたびでした。適切と思って言ったことが、逆に相手を不愉快にし、怒られたり、傷つけてしまったりしたこともあります。

もう、かける言葉探しはしないでいいよ、と言ってもらえたように感じました。労働者の声を聞くだけでいいのだと教えられました。そして、言葉の中に込められた気持ちを受けとめていくことが大切だと思いました。

「たったひとりでいいから、本音でしゃべれる相手がいたら、なんとか生きていける」

この言葉を、ケースワーカーの活動の土台としています。

相手の目を見て、間のとりかた、心の入りかた

大切なこと

私は釜ヶ崎を歩くとき、いつもジーパンをはいています。靴は運動靴です。上衣は、暑いときは半袖のポロシャツかブラウス風のシャツ、寒いときはセーターの上にジャンパーを着ています。

若いころは太っていたので、黒いシャツなどを着ていました。地味でいいと思っていたのですが、あるとき、顔見知りの労働者から声がかかりました。

「ここでは、黒い服は着いひんほうがええで……」

「なんで？」

「とび職の人たちがいるんや。高い所に登って仕事をする人たちは、一歩足を滑らしたら死や。人によったら、黒い服を見たら縁起をかついで、今日は不吉な予感がすると感じる人もいるんや。病院にお見舞いに行くときも、黒い服はやめときや。喪服を想像して不安になる人もいるんやで」

　私は心からなるほどと思いました。

全員がそう感じなくても、ひとりでもそのように感じ、不安になる人がいるならば気をつけようと心に留めました。

　服装に気をつけながら、次は顔の位置が同じ高さになるように心がけてみました。労働者が立って話をされたら、私も立って話を聞きます。しゃがんでおられたら、私もしゃがんで話しかけ

ます。時には、身体が衰弱して路上に横たわっている人もあります。そのときはしゃがみこんで聞きます。

私の顔の位置が労働者より高かったら、圧迫感があるようです。何気なく言った言葉が、命令されたように聞こえるときもあると思います。

次に大切なことは、間のとりかただと気づきました。ひとりの労働者が横になっていました。衰弱が激しく、栄養状態も悪い高齢の方です。

「大丈夫ですか」と声をかけてみました。

「救急車、呼んでくれ」

身体の全部を使って、しぼり出すような小さな声です。公衆電話で一一九にかけて、来てくれるよう頼みました。すぐに行くとのことでした。待っている間にその方を力づけよう、励まそう、とにかく元気になってほしいと願い、

「おじさん、がんばってください！」

と心を込めて、力いっぱい言いました。

おじさんは顔をしかめて、苦しそうな表情をしました。（どうして？）私は心

配になってきました。おじさんにとって、私の元気な声が負担になったのではと思いました。

病気で弱りきっているとき、強い口調の声は、身体に槍を刺されたように感じることもあると思いました。相手の明るさや元気さがまぶしくて、負担になることもあるのだと知りました。

かといって、小さい声で遠くから声をかけても何も伝わらない、気持ちが通じないと思います。今、向き合っている人にとって、心地よい声のかけかた、間のとりかたを工夫したいと願いました。

もうひとつ教えられました。心を広げなさい、開いてください、などと言うことがあります。カウンセリングの勉強会などでは、自分の心を開かないと相手の人は開きません、という内容のことを聞いたこともありました。心には幅があると思います。そして、奥行きがあるのだと感じました。

あいさつだけで、それ以上は話したくない人。名前も聞いてほしくない人。歳を言いたくない人。病気の状態だけは聞いてほしい人。悩みや生きるつらさなどを話したい人。釜ヶ崎に来るようになった出来事などをゆっくり話したい人。世の中の矛盾や政治に対する考えを訴えたい人。話したいことは、ひとりひとりが違うことに気づきました。「わしの心のここまでは入ってきていいけど、これ以上は入ってこんといて」「Aさんにはここまでもいいけど、Bさんにはここまでもかなわん」と言っているようにも思いました。

相手の人にとって、この私は、どこまで入らせてもらえるのか、ということを想像しないといけないと思いました。信頼関係が築かれていくごとに、少しずつ奥のほうへ入っていけるのだと思います。心に入りすぎて、お互いが気まずくなる場合もありますし、逆に入らないと、良い関係がつくれないのだと思います。そして、大切なことは、自分が責任を持てる範囲で相手の心に入らなければならないことだと思いました。

言葉の持つイメージ

それまで何気なく使っていた言葉についても、ハッとしたことがあります。言葉にはイメージがあるのだと気づいたのです。お母さんの話をするとき、なつかしそうな笑顔で想い出話をする人がありました。逆に、哀しみのこもった声で、苦労ばかりして病気になって若死にした、と言った人もありました。「お母さん」と、発したときの受けとめかたは人それぞれだと思いました。

「お金」と発したときも、同じように感じました。裕福な環境で育ち、お金を自由に使ってきた人と、三度のごはんにも事欠くぐらい貧しい中で育った人とでは、「お金」という言葉の響きも違うと思いました。

さらに、それらの言葉を口にするだけで、相手を傷つけたり、しんどさを与えたりすることもあることにも気づきました。

それから目の高さを同じにし、間のとりかたや心の入りかたを工夫しながら、言葉の持つイメージや響きに心を遣いながら、「こんにちは」「お元気ですか」と短い言葉をかけながら歩いてみました。

「わし、結核や。咳がひどいんや。入院はできるかな?」

「酒、やめられへんのや。肝臓の調子も悪いし、アル中かもしれん」

そのような病気の訴えから、少しずつですが、今悩んでいることや将来の不安を話す人もありました。さらに耳を傾けていると、釜ヶ崎に来るようになった事情や生まれ育った環境、生い立ちなどを話す人もありました。立ったまま三十分ぐらい話す人、路上に座りこんで一時間ぐらい話す人、時には他人に聞かれたら困るからと、喫茶店に入って話す人……。多くの方々の話を聞きました。その中から、今も私の心に深く残っている人たちのことを、次に紹介します。

日雇い労働者のこれまでの道のり

この国の繁栄の裏で

相手の目を見て、間のとりかた、心の入りかたなどを心がけ、あいさつをし、言葉をかけ続けながら、巡回して行きました。

最初のうちは、

「ねえちゃん、わし、結核や。せきがひどいんや」

「わし、アル中や。酒がやめられへん」

「腰が痛うて、しんどいわ」

という病気の話がほとんどでした。時間が経ち、会う機会が増えていくうちに、悩んでいること、将来の不安をぽつんと言う人も出てきました。人によっては、釜ヶ崎に来るようになった理由を話す人もありました。

「若いころは田舎で農業をしていた。農業だけじゃ食えなくなって出稼ぎに来たんや。景気の良いときは稼いで仕送りもしてた。盆、暮れは故郷に帰ってた。景気が悪くなったら、仕送りもでけへんし……。もう、十年も帰ってへん……。じつはな……。わしにも娘がいるんや。ねえちゃんが走り回っている後ろ姿から、娘の顔が浮かんでくるんや」

そう話して、その人は目に涙をいっぱいうかべて、去って行きました。

「九州の炭鉱で働いとった。閉山になってしもうて、大阪に来たんや」

エネルギーが石炭から、石油、原発に変わったとき、多くの炭鉱労働者が失業しました。その後、東京の山谷や大阪の釜ヶ崎に仕事を求めてやって来た人は多いと思います。

「炭鉱は、命がけやで」

と、事故があったら、どれだけ多くの人が死ぬか、危険がつねにあり、重労働だと言った人もありました。

「小さな会社で働いていたけど、この不景気で倒産してしもうた」

「リストラにおうた」

私はひとりひとりの話を聞きながら、今は不景気と言いますが、戦後は経済が豊かになって、第一次産業といわれる農業、林業、水産業では生活ができなくなり、都会へと、仕事を求めて出て行かざるを得なくなったのだと思いました。

岩村先生から言われていた、

「繁栄の裏では犠牲になる人たちがいるんですよね……」

との言葉が、重くよみがえってきました。

時間の経過とともに生い立ちなどを話す人もありました。私が今まで出会った

中で一番多いと感じたのは、戦争で父親を亡くした人たちです。

「父が亡くなった後、親戚をたらい回しだった」

「母の再婚先で、新しい父と折りが合わず、つらかった。中学校を出て、家を飛び出て来た」

「わしは施設で育った。中学校を出たら放り出された。新大阪に来たとき、わしを待っていたのは、暴力団の世界か、釜ヶ崎の日雇いの仕事だけだった」

一九四二年生まれの労働者のその言葉にびっくりして、「え？」と声を出してしまいました。

「親のない、施設で育ったわしらを、どこが引き受けてくれるんや？」

戦争体験者とも出会いました。大正生まれの人でした。

「戦争に行って、生きるか死ぬかの思いでやっと日本に帰って来たら、近所の人に『どこどこの息子さんは、お国のために立派に戦死されたのよ』と言われて、生き残ったことがつらくて、地元では生きづらく、釜ヶ崎に来たんや」

「八月六日に広島にいたんや」

「八月九日に長崎でおうたんや」

原爆を浴びたことをひっそりと話す人もありました。

「日雇いに三日も行ったら、一日休んでいる。若いとき、被爆しているから疲れやすいんや」

戦争で心身に傷を負った人たちが今も釜ヶ崎で生きておられることを感じました。

戦争はどれだけ多くの人を死に追いやり、犠牲にするかを目のあたりに見せつけられた思いでした。平和を創り出していくことがどれだけ大切かと改めて思います。

「ねえちゃん、ちょっと、こっちへ来て」

と、人がいないような所へ私を誘う人がありました。その人は内ポケットから手帳を出し、人気がないことを確かめ、それを開きました。

「わしの本名や。わし、在日や。小さい時からいじめられっぱなしや」

ほかの在日の人は、

「わしを受け入れてくれたのは暴力団の世界だけやった。最初はよかったけど、学校、行ってへんので、使い走りばっかりやし……。わしを見かけんときは、刑務所やと思っといてや」

と言い、小走りに去って行きました。

「日本に連れて来られて、炭鉱で働いていた」

と言った人もありました。

被差別部落出身の人とも出会いました。

貧しさの中で、学校にも行けなかった人とも出会いました。

「小さいときから、三度のごはんも食べられないぐらい貧しかった。学校に行くより、お父ちゃん、お母ちゃんと畑に行っていた」

役所にいっしょに行くときや生活保護の手続きをするとき、渋る人があります。

「こんなこと、人には言いたくないが、ほんまに恥ずかしいけど……。字が……、うまいこと書けへんのや……」

役所の書類が難しいという理由で、生活保護を受けたくても申請に行けない人がいることに気づきました。

私のこれまでの道のり

私は労働者の話を、最初のうちは顔を見ながら、うなずいて聞いていました。人によっては三十分ぐらい話したり、それ以上長く話す人もありました。時間の経過とともに、私の顔がさがってうつむいていることに気がつきました。つらい体験や苦労した話を聞いているうちに、心の中が、

（そんなつらい中、よくがんばって生きぬかれたのですね）

（苦労を乗り越え、痛みを乗り越えながら、よく生きてこられたのですね）

という思いでいっぱいになりました。労働者が生きぬいてこられた道のりに、頭のさがる思いでした。

私は、自分が生きてきた道のりをふり返りました。それまでは将来のことばっかり考えていました。看護師になってネパールで医療奉仕がしたい。その前に釜ヶ崎で二、三年ケースワーカーをしよう、と願っていました。

労働者の話を聞くうちに、生まれてはじめて立ち止まり、今までのことをふり返ってみました。

私は一九五五年生まれです。

（小さいころから、三度のごはんはお腹いっぱい食べてこられたんだなあ……。父も母もいてくれたし、『大きくなったら、何になりたいの？』と聞いていてくれたんだなあ……。私は夢を持てるような家庭環境で、質素ながらも何不自由なく生きてこられたんだなあ……。）

そんな気持ちが心にわいてきました。どちらかといえば、私は与えられた人生を選びながら生きてくることができたのだと思います。そして、そのことを、あたり前のこととして今まで生きてきました。

私が相談にのろうとしている人たちは、与えられた人生を選ぶことができなかった、選択肢のない中でしか生きることが許されなかったのだと思いました。

労働者が生きてこられた人生に、自分を置き替えて考えてみました。私だったら、生きぬいてこられただろうか、もし、生きぬくことができても、今ごろ、どうなっていただろうか。

労働者が生きぬいてこられたという現実、今、私の目の前に生きておられるということに、心の底から尊敬の気持ちがわいてきました。

その方たちは戦争の犠牲者であり、経済政策の犠牲者、差別構造から生み出された犠牲者であると思いました。

私はたまたま生まれた時代、場所、環境が、今まで犠牲者にならなくてすんだだけだと気づかされました。国の政策の矛盾を、命をけずりながら引き受けている人たちがいることを目のあたりにした思いでした。

一部の人たちにしんどさを押しつけながら何も気づかず、のうのうと生きている私たち。ほんとうにケースワークが必要なのは私自身ではなかろうか。今まで世の中のことをまったく知らないで生きてきたのだ、私は限られた空間の中で生きてきたのだ、と気づいたとき、得体の知れない絶望感がおそってきました。

その絶望感は、私の心の深いところをえぐってくるような感じで、今までまったくわからなかった自分自身の姿が見えてきたのでした。

私が生まれ直す

根本的な間違い

釜ヶ崎で働き始めてから、ひとりでも多くの人が病気が治るように支援していきたいとの願いで無我夢中でした。自分を見つめ、向き合い、自分の心の状態を見るという発想を持つこともありませんでした。ただ街を歩きまわり、声をかける毎日でした。

労働者が生きてこられた人生を聞いているうちに、自分の内面を見るようになりました。私は、労働者を立ち直らせようという気持ちで関わっていることが見

えてきたのです。病気を持っている人には治してあげよう、元気にしてあげよう、アルコール依存症の人には、酒をやめさせよう、立ち直らせるのだ、と思って関わっていたのです。口では、「ともに生きる」とか、「痛みを共有しよう」などと言っているのに、心の思いは、まったく違うことに気づきました。

それまで、良い人間関係がつくられつつあると思ったのに、次のような言葉で怒られたことが何回もありました。

「若いくせに偉そうに言うな！」

「女のくせに生意気や！」

「能書きばかり言うな！」

私は心の中で、（どうしてこんなに言われるのだろうか。一生懸命やっているのに、なんでわかってもらえないのだろうか）と、悶々としていました。

（労働者が変わってくれないから、良い関係がつくれないんだ。もっとがんばってお酒をやめてくれたらいいのに……。病気も良くなるのに。なぜ自分を大切にしないのだろうか。なぜ元気になりたいと思わないのだろうか。とにかく変わってほしい。がんばってほしい。そうすれば、私も良い仕事ができるのに……。）

そのように思いながら働いている自分が見えてきたとき、全身から力が抜けていくように感じました。生まれたときから、また、お母さんのお腹にいるときから苦労を重ね、しんどい仕事をしながらがんばって生きぬいてきた人たちに対して、私の視線は上から下に向かい、言葉のかけかたや態度が傲慢だったことを見せつけられたのです。

失礼なことをしてしまったと、申し訳ない気持ちでいっぱいになりました。病院で働いていた約三年間の看護師としての働きかた、釜ヶ崎に来てからのケースワーカーとしての関わりかたが根本的に間違っていたと気づきました。

自分なりに無我夢中で精いっぱいやってきたつもりでしたが、方向性が間違っていたと思いました。

そのことを認めるには、それまでの人生をすべて否定されているように感じ、時間がかかりました。そして、少しずつ認めていくうちに、自分自身に絶望してしまい、熱が出て体が動かなくなり、寝込んでしまいました。

寝込んでしまった私は、天井を見ながら時を過ごしました。自分に絶望したら、生きていく力もわいてきません。これからどうやって生きていけばよいのだろうか。ケースワークの仕事も難しいし、良い関係がつくれないと一歩も前に進まない……。そんな思いがくり返し胸に浮かんできました。

もしかして、信仰のありかたも間違っているのではと思い、ふり返ってみました。十八歳でキリスト教と出会い、神さまをいつも意識して生きてきました。神さまを一番にして求めていると思っていましたが、心の底では、夢を実現したいという自己実現を求めている自分に気づきました。労働者を、夢を実現するための対象として位置づけていることが見えてきたのです。

信仰も、口にしていることと本来の自分の心の底にあるものとの違いに、再び落ち込んでしまいました。天井を見ながら、もう生きるのは無理だと思ったとき、ひとつの言葉がひらめきました。

「生まれ直そう」

過去の自分は死んで、今から生まれたての赤ちゃんになって人生を生き直そう、よちよち歩きでもいいから、新しく出発しようと願いました。

これからは労働者の生きてこられた人生に心をこめて、耳を傾けていこう。そこから学び、その学んだことから自分がどこまで変わっていけるか、まず傲慢さを取っていこう。相手に要求するのではなく、ただひたすら学ぶ姿勢で聴いていこう。信仰も原点に帰ろう。神さまが主であること、労働者は私が仕える存在であることを心に刻んでいこうと思いました。自分なりに精いっぱい働いたら、あとは、神さまにお任せするような気持ちで生きていこうと思ったのでした。

生まれ直してみると

それから少しずつ元気が与えられ、それまでと同じようにジーパンをはき、シューズで巡回しました。

「こんにちは。お元気ですか」

声をかけていきました。時には労働者のほうから近寄って来て、あいさつする人もありました。

「ねえちゃん、元気か。がんばりや」

「病気の人がいるから、いっしょに行ってくれへんか」

「住む所を探している人がいるから頼むわ」

などと、相談を持ち込む人もありました。私の仕事に協力者が与えられたように感じ、うれしくなりました。時間の経過とともに、冗談めいた話もできるようになりました。

「最近、やせてきたんちがうか。こんな男社会で、えらいやろ。いろいろ、大変やろ。こんなにスマートになってしもうて、何かあったらいつでも言うてや」

釜ヶ崎で働き始めたころの私は〝ダンプカー〟とあだ名がつくぐらい太っていました。毎日歩きまわっているせいか、少しずつ本来の体格に戻りつつあるのです。

労働者のほうから声がかかったり、相談が持ち込まれ、病気の人のところへいっしょに行ったりするなかで、仕事が楽しいと思えるようになりました。労働者とともに行動するなかで、新しい発見や働くことの喜びも与えられていきました。

ふと気がつくと、私の肩の力が抜けていることを感じました。生きることが楽になったように思いました。私も弱いところをさらけ出してもいいんだ、本音でしゃべってもいいんだと思えるようになったのです。

そのような体験から、変わっていかないといけないのは、私自身だったということを痛感したのでした。

身体全体を耳にして

労働者との関わりかたが少しずつ楽になり、良い人間関係が培われていくようななかで、また大きな壁にぶつかりました。

一九八三年ごろ、日本全体が不景気になり、釜ヶ崎はそのしわ寄せで厳しい状況になってしまいました。それまでは病気の相談が多かったのに、相談の内容や労働者の言葉が変わってきました。

「なんで仕事がないんや。わし、もう十日も食べてへん」

「友だちが生活に困って血を売りに行った。牛乳ビン二本分も売った。四千円や。その後、疲れが出て、死んでもうた」

「ねえちゃん、病気の相談もええけど、仕事があるようにしてくれ」

「こんなに仕事がなかったら、わしらは、どうなるんや」

そのような訴えを毎日、耳にしているなかで、私自身の体調に変化が起こりました。労働者の言葉が、耳底に残って眠れなくなってしまったのです。ご飯を食べようとしても、今食べられなくて、ひもじい思いをしながら胃袋を抱えている人たちがいると思うと、食べられません。食べないと体力がもたないと自分に言い聞かせて、無理に口に運んでもご飯の甘い味がまったくなく、口の中に小さな物体があると感じるだけです。

私は、眠れない、食べられないという経験を生まれてはじめてしました。今まではどこでも眠れる、何でもおいしく食べられることをあたり前のこととして生きてきました。話を聞くだけでこんなにつらいのに、その中で現実に生きている人たちは、どんなにつらくて不安なのだろうかと思ったら、居ても立ってもいられなくなりました。

ケースワーカーとして働くことに何の意味があるのだろうか、とむなしい気持ちがおそってきます。目の前に、こんなに苦しんでいる人がいるのに何もできない、何の力にもなれない弱い自分を見せつけられました。

労働者以外の人たちからは、次のような言葉が飛んできました。

「あなたのやっていることは、資本主義社会の根本解決にならない」

「ざるで水をすくっているようなものだ」

「焼石に水」

「雑草の葉っぱばかりちぎって、根っこを残してどうするんや。また生えてくるやろ」

なるほどと思いつつも、追いつめられたような気持ちになりました。重い気持ちを抱えながら、巡回していました。

「どうしたんや。えらい元気ないなあ」

と、声をかけて、近寄って来る人がありました。その労働者の言葉が温かく響いてきます。顔を見ると、優しいまなざしを向けてくれていました。私は、今悩んでいることを少しずつ、ゆっくりと話し始めました。その人は、私の横にいました。私の話を途中でさえぎることもなく、最初から最後まで、肯定もせず、否定もせず、ただうなずきながら聞いてくれました。全身でうなずいているような、身体全体が耳になったような聞きかたでした。その聞きかたに、心にあった重苦しさが取れて軽くなったような感じがしました。私は、最後の一滴までしぼり出すように、すべてしゃべってしまいました。

ひと呼吸おいてから、その人はこう言いました。

「あんまり大きなこと、考えんときや」

「……」

「なんぼ、がんばったかて、世の中は変わらへん。釜もようならへん……」

「……」

「でもな、ねえちゃんがこないして道を歩きながら、『おじちゃん、こんにちは』とか、『おじちゃん、元気ですか』と声をかけてくれるやろ。それが一番うれしいんやで。それでええんや。それとな、みんなひとり暮らしやろ、話し相手が欲しいんや。みんなの話を聞いたってや」

その言葉が、乾ききった脱脂綿が勢いよく水分を吸うかのように、心に染みわたっていきました。大きなことはできなくてもいい、ただ労働者に声をかけ続けよう、話を聞くことをもっと大切にしていこう、と思いました。私に与えられた役割を発見したようで、腹が据わっていくような感じでした。

自分に与えられた役割が、たとえ小さくても、世の中を変えるような力にならなくてもかまわない、その役割を心をこめて誠実に積み重ねていこう、それでいいんだ、と思えるようになりました。

それ以来、だれかにけなされようが、逆にほめられようが、気にならなくなりました。

人の話を聞くときは、どのようにすればいいのだろうかと、カウンセリングの勉強などにも多くの時間を使い、自分なりに学んできたつもりでしたが、いま私の話を聞いてくださった労働者の聞きかたをお手本にしようと願いました。人の話を、最初から最後まで、肯定もせず否定もせず、ただ受けとめていく聞きかたを目指したいと思いました。

生かし合える輝く笑顔

「おじちゃん、楽になった。ありがとう」

私は、心からお礼を言いました。

「わしみたいなもんでよかったら、また、いつでも言うてや」

「ええ、また、ぜひお願いします」

頭を下げ、顔をあげてその人の顔を見たとき、その笑顔の輝きにびっくりしました。その人らしい満足さにあふれているような表情でした。今まで、だれからも醸し出されたことのない笑顔でした。私が日ごろ目にする笑顔は、私が相談にのり、問題が解決した後、「ねえちゃん、すまんかったなあ。おおきに」と言いながら、安心したような笑顔でした。その人らしい満足したような笑顔ではなかったのです。

自分が何かさせてもらうだけでは、一方通行の関わりだと気づきました。お互

いが自分の持っているものを相手に差し出し、お互いがともに分かち合えたとき
に醸し出される笑顔を大切にしたいと思ったのでした。

路上死に遭遇して

大きな衝撃

私が生まれてはじめて釜ヶ崎の存在を知ったのは、二十三歳のときでした。一番衝撃を受けたのは、一年間に約三百人の人が路上で死亡するという現実でした。二十四歳から釜ヶ崎で働き始め、街を巡回しながら、衰弱している人や息を吸うのも精いっぱいと感じる人に出会ってきました。本人の気持ちを聞いて、救急車を呼んだこともあります。救急車で運ばれた後、お見舞いに行ったら、すぐに亡くなった人もありました。集中治療室で二、三日がんばったけど息を引きとった

人などにも数多く出会いました。

入院できて、元気になっていく人たちもあります。元気になっていく姿を見るのは、とてもうれしいことです。退院の日が決まると自分のことのように喜び、「迎えに行くから」と約束し、その日を心待ちにしていました。

退院予定日の四、五日前に体調を崩す人や病状が急変する人があり、退院できなくなった人もありました。

そして、退院は喜びではなく、恐怖であることに気づきました。退院した次の日から日雇い労働に従事しないと生活できません。退院したら、しばらくのんびりするという、ゆとりもありません。病みあがりの身体で重労働をすることで、すぐに病気が再発してしまう可能性もあります。

入院した人にとって退院が喜びとなるようなことはないだろうか、路上で亡くなる人が、ひとりでもふたりでも畳の上で亡くなる方法はないだろうか、と真剣に考えました。

そして、家を持つことで解決できないだろうかと思いました。家といっても三畳、四畳半という部屋です。日本には生活保護があるのに、家のない人は法律の網の目からもれてしまうので受けることができません。今は新たな法律ができて、幾分そうではなくなりましたが。長い間、日雇い労働で社会に貢献しても、家がなく住所不定では、収入がなくなったとき、野宿を強いられます。野宿をしたら、心も身体も痛めてしまいます。

入院した人の中には、退院するときには部屋を用意し、生活保護の手続きをした人もありました。帰る場所がある、しばらく働かなくても生活できることで、退院が喜びになりました。

ひとりでも畳の上で

野宿を強いられている人たちは現金もなく、収入もないので家を借りることは不可能です。私は、アパート生活を望んでいる人にお金を貸すというやりかたをしました。借りた分は生活保護を受けるようになったら、分割で返してもらいます。六十五歳以上の高齢者や、病気や障がいで働けないという人たちを中心にやってきました。

そして、多くの労働者がアパートで暮らせることを喜びました。ある人は部屋に入って布団を敷いたとたん、倒れるように布団に入りました。

「道で死なんですんだ！」

「布団の上で寝られる！　天国や」

私が思った以上の喜びでした。一般社会からは「ホームレス」と一言に言われてしまいますが、人が野宿するつらさは想像してもわからないと思います。

「外で寝たら、夜、一睡もでけへん。長く続くと考える力がなくなり、もうどうでもいいと思ってしまうんや」

「寒い時期など、このまま寝入ってしまったら、凍死するのではと不安がおそってきて、怖くて眠れへん」

段ボールを敷き、毛布一枚では寒くてしかたがないと思います。食べることは生命を維持するのに欠かせないことですが、労働者はこう言います。

「食べることは、毎日炊き出しに並んで何とかしのげるけど、夜、寝られへんのは、どうにもでけへん」

長年、重労働を担って身体を酷使してきた人たちが野宿したら、体力は低下してしまいます。私が一番心を痛めたのは、中高生が、熟睡していそうな人にガソリンをまいて、火をつけて逃げると聞いたときでした。衰弱している人は、火がついていることに気づくのが遅く、服を脱ぐことができずに焼け死んだり、気がつくのが早くても重症の火傷を負ってしまい、その後の治療に苦しむ人もありました。また、川に放り投げられ、死亡した人もいました。

そのような出来事を見聞きしているうちに、ひとりでも早く畳の上にと願うようになりました。

アパートに入った七十二歳の方のところへ、次の朝、訪問しました。戸をノックしても返事がありません。寝ておられるのだろうと思い、帰りました。けれども、気になるので昼過ぎも行ってみました。返事がありません。疲れておられるのだろうと思い、帰りました。夕方も返事がありません。私は心配になって、名前を大きな声で呼びながら、少し強い力で戸を叩いてみました。小さな細い声で

「ハイ」と聞こえてきました。部屋に入り、その方の顔色を見たら、昨日より元気そうで、ホッとしました。

「六十九歳からずっと外で暮らしていたんです。まともに寝たことがなかったので、安心して寝てしまいました」

おだやかな笑顔を見て、私も安心感が深まりました。

三日後、六十四歳の方がアパートに入りました。次の朝、様子を見に行きました。戸を弱く叩いてみました。

「はい」

すぐにはっきりした大きな声が返ってきました。部屋に入ると、布団の上に正座して緊張したような様子です。

「ゆうべは、ゆっくり眠れましたか」

「一睡もできませんでした」

「えっ！　どうして!?　この部屋は合わなかったのですか」

「いいえ。布団の上で眠れる、野たれ死にしなくてすんだと思ったら、うれしいて一睡もできなかった」

そう言ったとたん、大きな声で腹の底から叫ぶように泣かれ、私はその場にいるのがつらくて、「また、夕方来ますから」と言葉を残し、帰りました。

部屋の中で生活すること、布団の上で眠れることをあたり前のこととして生きてきた私にとって、このふたりの方との出会いは、「ひとりでも多くの人をアパートに」という願いを強めました。

希望を聞く

アパートに入ってから、しばらくして三、四人の方がいなくなるということが起こりました。なぜだろうと自分に問いかけてみました。私は一刻も早くアパートに入ってほしいという気持ちが強すぎて、相手の希望や好みを十分に聞いていただろうか、あせってしまい自分の考えを押しつけてしまったのではなかろうか、という気持ちになりました。

それからは、アパートを希望する人には、私の仕事場（相談室）で、ゆっくりと話をすることにしました。

「これからアパートに入るけど、三畳一間から四畳半一間ぐらいしか紹介できないけど、どっちがいい？」

「部屋に炊事場があるのと、共同の炊事場と、どちらがいい？」

「釜ヶ崎の中にあるアパートと、少し離れた所にあるのと、どちらがいい？」

「私からお金を借りてアパートに入るけど、借金はどれくらいまでだったら気が楽ですか？　生活保護をいただくようになったら、分割で返していただく方法だけど」

など、なるべく多くの希望を聞いていきます。途中で、ほとんどの人から次のような言葉が返ってきます。

「雨露さえしのげたら、どこでもいいですよ」と。

「でも、せっかくアパートに入るのだから、なるべく心地いい所にしましょうよ。後で引っ越しをするのも大変ですよ。とにかく希望を言ってください」

私は、これ以上の希望はないと言われるまで聞き、さらに次のように質問します。

「今、言った中で、一番大切にしたい希望を言ってください」

「わし、腰が悪いから一階にしてほしい」

「じつは胃潰瘍なんや。自分のために料理がしたい。炊事場の付いている部屋にしてほしい」

「わし、国の世話になるのはつらい。でも、しょうない。部屋代はなるべく安い所にしてや」

「働いているときは、釜ヶ崎の中がよかったけど、保護を受けるんだったら、少し離れた所がいい」

「静かな所がいい」

私は、その人たちが一番大切にした希望を柱にして、それまでに聞いた希望で肉付けをしていきます。その人の願いを私なりにイメージを創り、それに合うような所を四、五軒探しておき、その後、いっしょに足を運んでゆっくりと見学しながら、本人に一軒選んでもらいます。選んだ後、私が保証人になり、必要なお金を貸します。もし本人がお金を持っていたら、それを活かし、足らないところを補うように貸します。契約が終わったら布団などを運び、一泊してもらってから役所に行き、住所設定や手続きや住民票を移し、その後、生活保護の手続きを行います。そのとき、役所の手続きがなるべく短い時間で終わるように、段取りをふたりで事細かくするように心がけます。一日か二日で申請書を提出するようにしています。

ほとんどの人が役所は苦手と言います。できたら行きたくないとか、小さいころ貧しくて学校に行けなかったので、字がうまく読めないと言った人もありました。字が書けないので福祉（生活保護）は受けられへん、と言う人もあり、代筆の約束をして、手続きした人もありました。

申請書を提出してから、二週間ぐらいで生活保護費が支給されます。

「順調にいったから、後は自由に生きてくださいね。何かあったら、いつでも言ってくださいね」

私は、労働者が自由と安心を感じられるように心がけています。だから訪問もあまりせず、何か起こったら関わるという方法をとっています。

選ぶことの喜び

私がアパートの一部屋を探すのに、ここまで時間をかけ、希望を聞きながら本人に選んでもらうのは、選ぶ喜びを感じてほしいからです。生まれたときから、選択肢がほとんどない状況でしか生きてこられなかった人たちにとって、自分の意志で選ぶということはとても大切だと思います。日雇い労働者として仕事に行ったら、現場監督から命令的言いかたで使われます。

「西成の人、その仕事やって」

「日雇いさん」「あんこうさん」と呼ばれます。あんこうは、魚のあんこうです。労働者は名前すら呼ばれたことがない、いつも十把ひとからげという扱いを受けます。私は、その人、ひとりひとりを大切にしたい、個を十分に生きてほしいと願います。

「希望が言えた」「選ぶことができた」という実感がともなう経験を何回もして

ほしいのです。その経験が増えていくと、表情が明るくなっていきます。さらにハッとしたのは、言葉づかいが変わってくることです。それまで、ひかえめで、自分を主語として話さなかった人たちが、主語で話すようになるのです。

「この部屋は、わしが選んだ」

「わしが希望を言ったら、ねえちゃんは聞いてくれた」

「わしは、こうしたい」

自分を主語として、はっきりと話すようになったら、その人の笑顔が生き生きとしてくるように見受けます。

私の大好きな言葉があります。ある教育者の言葉です。

「私は私の人生を作る主人公である」

日雇い労働者のほとんどが、与えられた人生を主人公として生きることを許されてこなかったと思います。私と出会った人たちは高齢の方なので、残された人生はそれまでの人生より短いのです。その間、一回でもいいから自分を主語で話し、少しでもいいから、主人公として行動ができるような環境をつくっていく関わりが大切だと思っています。

私は今日まで三十六年間、「人に仕えるとは」「本当の奉仕とは」「支援するとは」などについて、悩みながら考えてきました。もし今、私にそのような問いがあったら、次のように答えます。

「相手の人が、どれだけ多く自分のことを主語で話しているか、どれだけ豊かに主人公として行動できているか」

病気治しは生活直し

アパートに入った人たちは、三、四か月すぎたころから表情が明るくなり、多くの人が健康を取り戻していきます。

「病院に行って血圧を測ったら、先生に『こんなに安定していたら、お薬はもう飲まなくていいよ』と言われ、長い間飲んでいた薬を手放すことができた」

「あれだけ飲んでいた酒を、飲みたいと思わなくなった。不思議やな……」

「たまにボート（競艇）に行っていたけど、興味がなくなった」

「胃潰瘍でずっと入退院をくり返していたけど、もう通院だけでいいと言われた」

そのような話を聞きながら、三十六年前の岩村先生とのやりとりが浮かんできました。

ある晴れた日の午後、先生と釜ヶ崎を歩いていたとき、病気を持ちながら野宿している人を見かけました。

「入佐さん、病気を治すとは、どういうことだと思う？」

急な質問に私は答えられませんでした。内心では、救急車を呼んで病院に行くしか方法がないのに、なぜこんな質問をされるのだろうかと思い、黙って下を向いていました。

「病気を治すことは、生活を直すことだよ」

そのときは、岩村先生の言葉の意味がまったくわかりませんでした。すべてを奪われ、お金もない病気の状態で働くことができない人たちの生活を直せ、と言われても、どうすればいいのかわかりませんでした。

今、アパートに入って元気になっていく人たちの喜びの声を聞くことにより、先生の言葉を体験しているのだと思いました。

野宿を強いられている人たちが、たとえ三畳や四畳半という狭い空間であっても、夜になったら安心して眠れる。生活保護を受けることによって居住費の心配もなく、三度のごはんもお腹いっぱい食べられる。このことを一か月、二か月と過ごすことによって、病気まで治るのだと教えられました。

心のいやしは人間関係の回復から

元気になっていく姿を見たとき、人が生き生きと生きていくには、人間関係を回復することだと思いました。

路上でひとりぼっちだった人たちが、アパートに入ることにより友だちができたり、大家さんに親切にしてもらえたり、隣の小学生の男の子に「おじいちゃん、こんにちは」と声をかけられたりすることによって、孤独感が小さくなっていくように思います。人間関係の中でも、家族との関係が良くなっていくときの喜びは、別人のような笑顔になります。

六十七歳の方は、アパートに入って、一年半の時間が過ぎました。生活保護を受けることによって生活にゆとりができ、生まれた家に手紙を出しました。返事が来て、お母さまが生きておられ、老人ホームに入っていることがわかりました。九十三歳で生きていることが無性にうれしくて、その方の心に、母親に会いたいという気持ちが芽生えてきました。それからお金を節約して飛行機代を貯め、四国にある老人ホームまで会いに行くことが実現したのでした。

四十数年ぶりに会えたお母さんは、認知症になり、話は通じません。けれども昼食のとき、スプーンでごはんを口元に運び、耳元で声をかけていると、急にお母さまがうれしそうな穏やかな表情を浮かべられたそうです。その方はお金を貯めては、故郷の四国へお母さまに会いに行かれました。

私に報告しているときの表情がとても豊かで、声もはずんでいました。

「十歳、若くなりましたね」

そのような言葉が、私の口から出てしまいました。

もうひとりの人は、六十二歳で癌になり、公立の病院に入院しました。その病院は癌の告知をする方針でした。主治医に、本人だけでなく家族も共に聞いてほしいと言われました。

「家族はおらん。ボランティアの入佐さんに聞いてもろて」

と、本人は言いました。

主治医は、回診のたびごとに「大きな手術が必要なので、どうしても家族に伝えたい」と熱心に言われました。主治医の態度に根負けしてしまい、弟さんの電話番号を伝えました。弟さんは、大阪で兄が生きていること、癌になっていることを知り、次の朝一番の新幹線で病院に来られました。兄弟は四十五年ぶりの再会でした。

弟さんは説明を受けてから、手術の当日も来ますと約束し、本人もうれしそうでした。ちゃんと手術の当日も来て、次の朝、顔を見てから、帰って行かれました。

手術後、順調に回復し退院となりました。

二か月後、私のところに来て、弟さんが来てくれたことの喜びを話してくれました。

「弟と四十五年ぶりだった。元気でよかった。すぐ来てくれて、うれしかった」

帰るとき、玄関で次のような言葉が聞こえてきました。

「わしな、癌になってほんまによかった」

家族との人間関係が回復することによって、心の深いところにある重いものが消えていくような解放感があるように思います。

以前、貧困と言ったら、経済的な貧しさのことでしたが、今は関係性の貧しさだと言われています。関係性の貧困から、野宿を強いられる人たちが出ないようにと願います。

老後は人生の総括期

過去のつらいことも

アパート暮らしを始めてから一年ぐらい過ぎた七十一歳の方と、五年ぐらい過ぎた七十五歳の方と私の三人で話をしていました。ふたりとも私との出会いの中で生活保護で暮らしています。七十一歳の方が次のように話しました。
「わしの生活は、世間さまから見たら最低の生活やと思うで。三畳一間で、家族もなく、ひとりぼっち。しかも生活保護で暮らしている。でもな、わし、こんな生活やけど、今が一番幸せなんや」

七十五歳の方もうなずきながら、次のように話しました。この方は私のことを「おねえさん」と呼んでいます。

「おねえさん、わしもいっしょやで。恥ずかしい話やけど、おねえさんと出会うまで、いつ死のうかと思ってて、青酸カリみたいなものをいつも持っていた。でも、死なんでよかった。今が一番安心して落ち着いている。おねえさん、不思議やけどな、今が一番幸せと思えたら、今までのことが全部ええように思えてくるんや。ほんまに不思議やど……」

（どういう意味だろうか）と、私にはそのことを理解するのに時間が必要でした。ゆっくりと考えているうちに、やっとわかりました。

老後は人生の総括期だと思います。その時期に少しでも、幸せだなあと思えたら、過去のどんなつらいことでも肯定的に受けとめることができるのだと教えられました。

過去の出来事は変えることはできません。しかし、その出来事に対しての受けとめかたはいくらでも変えることができると教えられました。老後でなくても、どの世代であっても、今を、今日を肯定的に受けとめ、幸せ感を持つことが、どれだけ大切かと思いました。

信じてもらった喜び

これまで多くの気づきが与えられました。その中で、今も強くよみがえってくるふたりの方の言葉があります。

ひとりの方は六十九歳でアパートに入り、一年半ぐらい過ぎました。おだやかな安定した生活を楽しんでおられるように見受けました。私のところに来て、今までのことをゆっくりとふり返って話されました。

「生活が安定したら、心まで安定してくる。ありがたい。わしな、恥ずかしいことに、六十過ぎて飯場で働いてたけど、親方に『今日はごめんな。休んでな』と言われてなあ、収入は少のうて、一か月分が生活保護のお金より少なかったんやで」

私は、ただ耳を傾けていました。

「わしな、今やから言うけど、生活が安定することも確かにありがたい。でもな、それ以上にありがたかったんは……。わし、アパートに入る前、ずっと外で暮らしてた。二月の一番寒いときで、寒うて、風邪ひいて、咳もひどかった。お金はないし、食べもんもない、炊き出しに並んで雑炊をすって生きてとった。長い間、野宿しとったから服はボロボロやった。そこへねえちゃんが来てくれて、アパートの話をしてくれた。こんな人間をアパートで暮らせる人と思ってくれたこと、ねえちゃんはアパート代言うて、六万のお金をポンと貸してくれた。こんな人間を、金を貸しても返せる人と信じてくれた。わし、今やから言うけど、それがうれしいてなあ……」

六万の借金を一万五千円ずつ、生活保護の支給日に持って来られました。その後、家賃を払い、自炊をしながら節約した生活でした。

「四か月目に借金を全部返し終えたとき、あんだけ、ほっとしたことはなかった。これでわしも、人の信頼というものを裏切んですんだと思ったら、あんだけほっとしたことはなかった」

帰るとき、玄関で見送る私に、次の言葉が返ってきました。

「わしもな、最近、人間というものが信じられるようになった」

もうひとりは五十三歳で病気が重くなり、働けなくなった方でした。アパートはあっても家賃が払えない、病院に行きたくても医療費が払えないという状況になってしまいました。

「生活保護を受けるしか方法がない」とふたりで話し合いました。その当時、生活保護の申請が厳しくて、なかなか順調にいきませんでした。医者に病気のため「労働不能」という診断書を書いてもらい、それを役所に届けたり、何回も足を運びました。順調にいくまでがんばろうと励まし合いながら行きました。

やっとすべてが順調にいきました。私は、これでアパート代も払えるし、病院代は役所が払ってくれると、ほっとしました。

次の朝、九時に電話が鳴りました。だれだろうと思って取ったら、その方からでした。電話に入ってくる声が小さくて、聞き取れません。

「え？　どうしたの？　何かあったの？」

よく耳をすましてみると、すすり泣いているような感じです。

「……。今までの人生で人に大切にしてもろたん、生まれてはじめてやった。おおきにな」

電話は切れました。私は、以前、その方が吐き捨てるように言っていた言葉を思い出しました。

「小さいころ、両親に捨てられ、児童養護施設で育った。人生苦労ばかりやった」

かけがえのない存在として

この二人の方の言葉は私の心をゆさぶりました。何回も反芻しました。私は、長い間釜ヶ崎で働いてきましたが、労働者は生活の安定を一番に望んでいると思い、活動してきました。アパートに入ることにより、生活保護の申請ができるので生活は安定します。だから、私はアパート探しを目的にやってきたと思います。

もちろん、そのことは必要です。しかし、そのことは目的ではなく、きっかけにしないといけなかったと気づきました。

労働者が「自分も大切な人間」「わしのことを信じてくれる人がいる」「わしを人間として見てくれる人がいる」と、自分のことをかけがえのない存在として生かされていることを感じてくださるような関わりをつくっていくことを、最終目標としないといけなかったと気づきました。頭ではわかっていたつもりでしたが、体験として理解しました。

「自分の存在」もいとおしもう

相手の方を大切な存在として受けとめていくには、私自身どうあるべきかを考えてみました。本も読みました。ある本に、「自己受容は他者受容に比例する」という言葉がありました。

その文字を見たとき、内心びっくりしました。私は日々の忙しさにまぎれて、自分をみつめるとか、自分と向き合い自分を肯定したり、受容したりするという発想などなかったのです。問題が起こったりしたら悩んで解決することはあっても、自分の内面をみつめるということはありませんでした。無我夢中に働いて夜になり、一日が終わるというくり返しの毎日でした。

少しずつ自分をみつめ、向き合おうと心がけるようになりました。すると、自分のいやなところや、弱いところが目についてしかたありません。この欠点さえなければ……、この弱ささえなければ……、自分の人生、もっといいのに、もっと良い仕事ができるのにという思いにとらわれてしまいました。

悩んでいるとき、ふと、自分の弱さにやさしくなれてこそ、はじめて相手の弱さを受けとめられるのではないだろうかと気づきました。自分に対して、もっとこうあるべきと思っているときは、相手にもそう要求していると思います。

欠点も弱さもいっぱいあるこの私も、かけがえのない存在として生かされているのだと受けとめていこうと思いました。自分のことがきらいと思っても、自分から引っ越しはできません。この自分と一生涯、どんな時もつき合っていかなくてはなりません。一生をかけて自分を好きになり、自分と仲良く折り合いをつけていくことが大切だと思うようになりました。そのような心の作業を続けていくことが、相手のあるがままを受けとめていくことにつながるように思います。私は働きの中で、目の前で亡くなる人や、病院で「もっと生きたい」と願っても生きることができなかった人たちと多数出会ってきました。そのたびごとに、生きていることは不思議なことだと思うようになりました。「生きている」という表現も適切でないと思うようになり、「生かされて生きる」と感じるようになりました。

それから少しずつですが、相手の存在がいとおしいと感じられ、自分の存在もいとおしもうと願うようになりました。

現代の日本社会は競争社会です。能力があったら認められるという状況の中で、みんな必死に生きていると思います。子どものころから比較されながら、生きています。能力があることはすばらしいことですが、それ以上に、存在そのものをいとおしんで生きることが大切だと思います。

岩村昇先生の召天

二〇〇五年十一月二十七日、岩村先生は天に召されました。突然のことでした。私はどうしてもお礼を申し上げたくて、兵庫県三木市のご自宅へ行かせていただきました。行く途中、電車の中で先生との出会いなどがよみがえってきました。電報をいただいて、姫路から大阪へ会いに行ったときも、電車の中を走りたいような気持ちでした。今、ご自宅へ向かうときも、まったく同じ気持ちでした。

岩村先生が釜ヶ崎に来てくださったことも何回かありました。

とても過ごしやすい日の夕方のことでした。労働者たちが仕事帰りに入る食堂で、先生とラーメンを食べていました。食べ終わり、席を立とうとしたとき、隣で食べていた労働者が会計のところで、先生と私の分を払おうとしていることに気づきました。先生はあわてて、

「とんでもありません。私が払います」

と言って、財布から千円札を出されました。

私は、先生の手にある千円札を押さえるようにして、

「先生、甘えさせてもらいましょうよ」

と言いました。そうしている間に、その人は三人分を支払って食堂を出て、左手のほうへ歩いて行きました。私は走って追いかけました。後ろのほうから、心を込めて、

「ごちそうさまでした。ありがとうございます」

と声をかけました。その人は振り向きもせず、前を向いて歩いて行きました。

私は先生に対して、失礼なことをしたのではなかろうかと思い、謝ろうとしましたが、先生のニコニコしながらうなずいておられる姿を見てほっとしました。


ご自宅での先生のお顔を拝見したとき、まるでお昼寝をしておられるような、おだやかなお顔でした。私は口には出せなかったのですが、心の中で感謝の気持ちを唱えました。生きる目標を与えてくださり、釜ヶ崎との出会いをつくってく

ださったことに心から感謝しました。

それからしばらくの間は、生きる目的を失ったような感じがしました。日ごろご無沙汰しているのに、この世にいらっしゃらないという現実をさみしく感じてしまいました。

「岩村先生、お亡くなりになったんですか」

と、びっくりしたような口調で、六十六歳の労働者が来てくださいました。私が出会ったとき、六十歳で野宿の状態でした。関わりの中で、働きたいとの希望が強く、仕事を探しました。スーパーの夜勤の仕事が見つかり、六十五歳まで働きました。その後、身体を痛め、生活保護で暮らしている方です。その方は、しみじみと「人生は出会いですよね」と話し、こう続けられました。

「入佐さんに釜ヶ崎に行くようにすすめられたのは、岩村先生ですよね。その岩村先生という存在がなかったら、私の人生も変わっていたでしょうね」

釜ヶ崎で野宿しながらも生きぬいてこられた方に、このように受けとめてもらえていること、岩村先生の存在が、その人の中で生きていることが無性にうれしく思いました。落ち込んださみしい気持ちが一瞬にして吹き飛び、いやされました。そして、ひとりでも多くの方が、人間らしい生活を全うできるように、これからも関わっていこうという気持ちがわいてきました。

岩村先生に教えていただいた「Go to the people」（人々のところに出かけて行きなさい）を心に留め、反芻しながら、働こうと願いました。

私にとってのネパール

これまで多くの方々に、次のような質問をいただきました。

「もうネパールには行かないの？」

「ネパールはどうなったのですか？」

私は釜ヶ崎で働きながら、自然と、（わざわざネパールに行かなくても、今、この釜ヶ崎で労働者との出会いを大切にしたい）と願うようになりました。

中学生のころから「ネパールに行きたい」と、持ち続けた固い意志が、氷が自然に溶けるように、消えていきました。すると、次のような言葉が返ってきました。

「求めていたネパールと、釜ヶ崎で出会いつつあるんじゃないですか」

私はハッとしました。私が追い求めていたネパールとは場所そのものではなかったのだと感じています。

ホルモン

あとがき

日ごろ、講演していることを文章にまとめてみました。三十六年の歩みをふり返りながら書きました。日雇い労働者との出会いは、私の内面との出会いでもありました。

世間知らずの私が釜ヶ崎に入り、ケースワーク活動をしてきましたが、社会のことをまったく知らない自分を見せつけられました。毎日が、「釜ヶ崎は、私の学校」でした。多くのことを教えていただきました。

長い間、多くの方々にお支えいただき、活動を続けることができました。この場を借りて、心より感謝し、お礼申し上げます。

この本は、釜ヶ崎で日雇い労働者として働いてきた人たちと、今も働いている人たちに、そして、釜ヶ崎との出会いをつくってくださった岩村昇先生におささげしたいと思います。この文章に目を通してくださった作家の杉本増生さん、妹の中家美千代、そして表紙のイラストと本文の挿絵を描いてくださった奈路道程さんに感謝いたします。

この本ができるまで五年という月日を、何回も釜ヶ崎をいっしょに歩きながら、待ち続け、励ましてくださったたいのちのことば社出版部の長沢俊夫さんと米本円香さんに心よりお礼を申し上げます。

この本を通じて、日雇い労働者の存在を覚えていただけると、たいへんうれしく思います。

二〇一六年春

入佐明美

ねえちゃん、大事にしいや。
――生きる喜びを分かち合うために

2016年 8 月 1 日　発行

著　者　入佐明美
印刷製本　モリモト印刷株式会社
発　行　いのちのことば社
〒164-0001 東京都中野区中野2-1-5
電話 03-5341-6922（編集）
03-5341-6920（営業）
FAX03-5341-6921
e-mail:support@wlpm.or.jp
http://www.wlpm.or.jp/

ISBN978-4-264-03584-8